2시간에 끝나는
베트남어 이야기

Câu chuyện tiếng Việt

◻Digis

차례

추천글

우리와 역사적으로도 관련이 깊은 베트남은 최근 들어 우리나라의 주요한 수출·수입국이며 관광, 인력 등 인적 교류 측면에서도 폭발적인 성장을 하고 있는 나라입니다. 여행을 좋아하는 우리나라 사람치고 베트남을 한 번도 방문하지 않은 사람은 아마 드물 것입니다.

그러나 이렇게 우리에게 중요하고 관심이 많은 베트남이지만, 정작 이 나라에 대해 제대로 알려주는 책은 그리 많지 않은 실정입니다.

이 책은 저자가 베트남에서 오랫동안 살면서 배우고 느끼고 경험한 생생한 정보들을 바탕으로 씌어졌습니다. 베트남의 역사, 문화, 생활, 언어 등을 다양한 사례들과 함께 재미있고 이해하기 쉽게 정리해 놓은 베트남 관련 필독서로서 손색이 없습니다.

베트남어를 잘 하고 싶은 분들, 베트남을 여행하고 싶은 분들, 베트남의 미래에 투자하고 싶은 분들, 베트남 사람들의 삶을 들여다보고 그들을 제대로 이해하고 싶으신 분들은 꼭 한 번 이 책을 읽어보기를 권합니다.

前 주베트남 대한민국 대사관 영사 **고 시 현**

베트남, 베트남어에 관심있는 분들께

베트남 하면 가장 먼저 떠오르는 것은 무엇인가?
쌀국수 phở 퍼, 아오자이 áo dài 아오 자이, 하롱베이 Vịnh Hạ Long 빈 하 롱 등은 이제 우리에게 더 이상 낯설지 않은 단어로 베트남은 이제 참으로 가까운 이웃국가가 되었다.

1992년 한국과 베트남이 수교를 맺은 후, 우리나라의 많은 기업이나 개인이 베트남에 투자하거나 비즈니스를 하고 있다. 그리고 베트남 주요 관광지로 직항하는 항공편도 많아지면서 한국인 관광객이 선호하는 나라 중 하나가 되었다.

이 책은 저자가 오랜 기간 베트남에서 주재원으로 지내면서 보고 듣고 경험했던 일들을 정리하여 수정하고 보완해서 펴낸 책으로 언어, 문화, 사업 세 부분으로 나누어져 있다.

베트남에 주재원으로 근무하거나 투자, 비즈니스, 관광 등으로 베트남에 대한 정보를 필요로 하는 모든 분들에게 이 책이 유용하게 활용되기를 바란다.
특히 베트남어를 공부하는 학습자들에게 베트남에 대해 이해하고, 베트남어 기초를 다지는데 길잡이가 될 것이라고 생각한다.

끝으로 이 책이 세상에 나와 빛을 보는 데 도움을 주신 모든 분들께 진심으로 감사드립니다.

베트남을 사랑하는 저자 **김 성 균**

Part 1

★

베트남어
문자와 성조

문자와 발음

베트남어는 아래와 같이 기본 29개의 알파벳으로 되어 있다.

알파벳	명칭	음가	알파벳	명칭	음가
A a	아 [a]	ㅏ	Ê ê	에 [ê]	ㅔ
Ă ă	아 [á]	ㅏ*	G g	게 [gê]	ㄱ*
Â â	어 [ớ]	ㅓ*	H h	핫 [hát]	ㅎ
B b	베 [bê]	ㅂ	I i	이 [i]	ㅣ
C c	쎄 [xê]	ㄲ	K k	까 [ca]	ㄲ
D d	제 [dê]	ㅈ	L l	앨 러 [el lờ]	ㄹ
Đ đ	데 [đê]	ㄷ	M m	앰 머 [em mờ]	ㅁ
E e	애 [e]	ㅐ	N n	엔 너 [en nờ]	ㄴ

※ 디지스 출판사 [베트남어 표현UP] 중에서

알파벳	명칭	음가	알파벳	명칭	음가
O o	오 [o]	ㅗ*	T t	떼 [tê]	ㄸ
Ô ô	오 [ô]	ㅗ	U u	우 [u]	ㅜ
Ơ ơ	어 [ơ]	ㅓ	Ư ư	으 [ư]	―
P p	뻬 [pê]	ㅃ*	V v	베 [vê]	ㅂ*
Q q	뀌 [qui]	ㄲ*	X x	익 시 [ích xì]	ㅆ
R r	애 러 [e rờ]	북ㅈ 남ㄹ*	Y y	이 [y]	ㅣ
S s	앳 시 [ét sì]	ㅅ			

- D(d)와 Đ(đ)는 다르다.
- 베트남어 알파벳에는 f, j, w, z 같은 자음은 없다.
- 모음 위에 부호가 붙은 글자는 ă, â, ê, ô, ơ, ư 등 6개가 있는데, 이런 부호는 성조가 아님에 주의해야 한다.
- 고유명사 인명·지명 등나 문장 맨 앞에 나오는 글자는 반드시 대문자로 써야 한다.

성조

베트남어는 모두 6개의 성조 가 있다. 중부·남부발음은 5개이다.

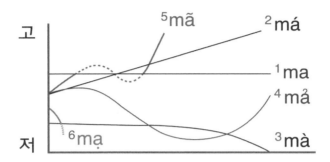

베트남어의 가장 대표적인 특징의 하나는 성조聲調가 있다는 점이다.

성조의 종류에 따라 음의 고저를 구별할 수 있을 뿐만 아니라, 단어의 뜻도 구별할 수 있다. 성조는 음절의 주主모음의 위(5개) 또는 아래(1개)에 표시한다.

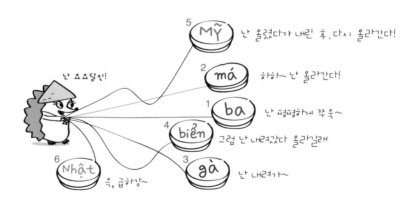

표시방법	성조이름	발음방법	예
a	Không dấu 혹은 thanh ngang	평성으로 소리가 처음부터 끝까지 변함없이 평평하게 발음한다.	• ba 바 아버지 • cơm 껌 밥
á	Dấu sắc 혹은 thanh sắc	소리를 올려 발음한다.	• má 마 어머니 • đứng 등 서다
à	Dấu huyền 혹은 thanh huyền	소리를 약간 내려 발음한다.	• gà 가 닭 • cười 끄어이 웃다
ả	Dấu hỏi 혹은 thanh hỏi	소리를 중간에서 내리다가 올려 발음한다.	• để 데 놓다 • biển 비언 바다
ã	Dấu ngã 혹은 thanh ngã	소리를 중간에서 약간 올리다가 좀 내린 후에, 많이 올려 발음한다.	• cũng 꿍 역시 • Mỹ 미 미국
ạ	Dấu nặng 혹은 thanh nặng	소리를 급격히 낮춰 발음한다.	• Nhật 녓 일본 • đẹp 뎁 예쁘다

Part 2

베트남어
어휘와 성조

'베트남'이라는 나라를 떠올리면 가장 먼저 생각나는 단어, 실용!

그 특징을 잘 설명하여 만든 이 책은 베트남을 이해하는데 도움이 될 뿐만 아니라 다양성을 인정할 수 있는 여러 가지 기준을 제시합니다. 또한 베트남에서 생활하면서 세상을 따뜻한 눈으로 보는 필자의 마음을 읽을 수 있으며 베트남의 세계에 발을 딛는 초행자들에게 차근차근 설명하는 친절함이 묻어 있습니다. 찬찬히 읽다 보면 베트남 사람들에게 "신짜오"하는 자신을 발견할 것입니다.

대구가톨릭대학교 언어교육원 교수
국제한국어교육자협회장 **김주희**

1
꼬리를 무는 베트남어 어휘력이 쑥쑥

베트남어의 어휘를 늘리기 어렵다고 생각하지만,
간판으로 쉽고 간단하게 베트남어 어휘 실력을 올릴 수 있다.

간판에서 많이 보이는 문구 중에 하나인 **여관**
nhà nghỉ 냐 응이 **세차 rửa xe** 즈어 쌔 등으로 꼬
리에 꼬리를 무는 어휘를 늘려보자.

여관 nhà nghỉ 냐 응이

| '집'으로 시작하는 어휘 확장

nhà나는 '집'을 나타내는 순수 베트남어이다.

- **nhà nghỉ** (냐 응이, **nhà** 집, **nghỉ** 쉬다) ➡ 쉬는 집 = 여관
- **nhà sách** (냐 싸익, **nhà** 집, **sách** 책) ➡ 책이 있는 집 = 서점, 책방
- **nhà máy** (냐 마이, **nhà** 집, **máy** 기계) ➡ 기계가 있는 집 = 공장

| '기계'로 시작하는 어휘 확장

máy마이는 '기계'를 의미하는 순수 베트남어이다.

- **máy ảnh** (마이 아잉, **máy** 기계, **ảnh** 사진 찍다) ➡ 사진 찍는 기계 = 카메라
- **máy bay** (마이 바이, **máy** 기계, **bay** 날다) ➡ 하늘을 나는 기계 = 비행기
- **sân bay** (선 바이, **sân** 마당, 장소, **bay** 날다) ➡ 비행기가 나는 마당 = 공항

하노이에 있는 노이바이 국제 공항

- **Sân bay Quốc tế Nội Bài** 선 바이 꾸억 떼 노이 바이

호치민에 있는 떤선녯 국제 공항

- **Sân bay Quốc tế Tân Sơn Nhất** 선 바이 꾸억 떼 떤 선 녓

그럼, 다음으로 넘어가보자.

거리에서 많이 보이는 세차 rửa xe 즈어 쌔 간판

'씻다'에서 '세차장'까지 어휘 확장

rửa즈어는 '씻다'의 의미를 가진 순수 베트남어 이다.

- rửa tay (즈어 따이, rửa 씻다, tay 손) ➡ 손을 씻다
- rửa mặt (즈어 맛, rửa 씻다, mặt 얼굴) ➡ 얼굴을 씻다 = 세수하다
- rửa xe (즈어 쌔, rửa 씻다, xe 자동차) ➡ 차를 씻다 = 세차하다

'차'로 시작하는 어휘 확장

xe쌔는 도로 위를 달리는 이동 수단(차)을 의미한다.

- xe đạp (쌔 답, xe 이동 수단, đạp 밟다) ➡ 페달을 밟아서 이동하는 것 = 자전거
- xe máy (쌔 마이, xe 이동 수단, máy 기계) ➡ 기계을 이용하여 이동하는 것 = 오토바이
- xe tải (쌔 타이, xe 차, tải 짐을 나르다) ➡ 짐을 실어 나르는 차 = 트럭
- xe ô tô (쌔 오또, xe 차, ô tô 자동 auto) ➡ 자동차

2
집에 간다는
왜 đi nhà 가 아닐까?

베트남어는 기본적으로 '가다'는 đi 디를 쓴다.
하지만 '집에 가다'는 về nhà 베 냐이다.

'가다'는 đi 디를 사용한다.

- đi bộ (디 보, đi 가다, bộ 步 걷다) ➡ 걸어 가다
- đi ngủ (디 응우, đi 가다, ngủ 잠자다) ➡ 자러 가다
- đi học (디 혹, đi 가다, học 學 배우다) ➡ 배우러 가다 = 학교 가다
- đi làm (디 람, đi 가다, làm 일하다) ➡ 일하러 가다 = 출근하다
- đi chợ (디 쩌, đi 가다, chợ 시장) ➡ 시장에 가다

집에 가는 경우는 원래 있던 위치로 '되돌아 오다'는 의미로 về 베를 추가한다.

•**đi về nhà** (디 베 냐, **đi về** 돌아 가다, **nhà** 집) ➡ 집에 (돌아) 가다

'집에 가다'는 đi về nhà디 베 냐 또는 줄여서 về nhà베 냐로 표현한다.
예를 들어, 우리가 고향을 떠나서 타향에서 객지 생활을 하다가,
설에 고향으로 돌아 가는 경우는
về quê(베 꾸에, come back home, 귀향하다)라 하고
외국에 나가 있는 사람이 한국으로 돌아 가는 경우는
về Hàn Quốc(베 한 꾸억, come back Korea, 귀국하다)이라 한다.

중국어도 '가다'는 qù(취, 去)를 쓰고 '돌아가다'는 huí(후이, 回)를 쓰는데,
집에 가다는 huí jiā(후이 찌아, 回家)라고 한다.

Q
'유턴하다'는 의미가 포함되면 어떻게 될까?

길을 가다 목적지를 지나친 경우에 오던
방향으로 되돌아 가는 경우에 유턴(U-turn
또는 리턴 return)이라 한다. 이 경우에는 đi về
디 베라 하지 않고 quay lại(꽈이 라이 돌다)라
고 해야 한다. 원래의 위치로 돌아 가는 것
이 아니라 단순히 방향을 바꾸는 것이므로
về베를 붙이지 않는다.

요즘은 오토바이뿐 아니라 차도 많아 졌다

3
오다 đến과 가다 đi

우리말은 말하는 사람 기준으로 표현하지만,
베트남어는 영어처럼 상대방 기준으로 표현한다.

오토바이가 넘치는 베트남

우리말은 말하는 사람 기준으로 표현한다.

'나는 베트남에 간다' 처럼 어딘가에 가는 경우는 '간다'라고 한다.
상대방이 있는 곳으로 가는 경우에도 '내가 거기에 간다.'라고 표현한다.
그런데 베트남어는 영어처럼 상대방 기준으로 표현한다.

아직은 낯선 베트남어 대신 영어로 먼저 설명하면,
영어 기초 단어 공부할 때 쉽게 go(고) '가다', come(컴) '오다'라고 암기한다.
하지만 come(컴)은 우리말 '가다'의 의미로 쓰여서 내가 상대방이 있는 쪽으로 가
는 경우에 '나는 거기에 간다'는 I go there.(아이 고 데얼)이 아니라 I come there.
(아이 컴 데얼)로 해야 한다.
영어는 우리말과 다르게 듣는 사람 기준으로 말을 한다. '내가 거기에 간다'는 말은
듣는 입장에서 보면 '내가 상대방이 있는 쪽으로 오는 것이 된다'. 그래서 영어는 상
대방과 가까워지는 경우에는 go(고) 대신 come(컴)을 쓰는 편이다.

베트남어도 영어와 같이 듣는 사람 기준이다.

đến(덴)은 기본적으로 '오다'로 사용하지만, '가다'라고 말할 때도 있다.
우리말이 완벽하지 않은 현지 통역에게 '여기에 오라'고 하면 '거기에 가겠습니다'
라고 하지 않고, '거기에 오겠습니다'라고 대답하는 경우가 가끔 있다.

이것은 한국어와 베트남어의 차이에서 오는 실수를 말한 것이다.
'제가 거기에 가겠습니다.'는 듣는 사람 기준에서 보면 듣는 사람이 있는 곳으로 오
는 것이다. 그래서, 베트남어로 Em đến đó.앰 덴 도이다. 이때 đến(덴)을 우리말 '오
다'로 해석하면, 제가 '거기에 오겠습니다.'가 되므로 주의하자.

베트남어도 영어처럼 상대방과 서로 가까워지는 경우에는 đến(덴)를 쓰고, 멀어
지면 đi(디)를 쓴다. 베트남어로 Em đến đó.앰 덴 도는 '제가 거기에 오겠습니다'가
아니라 '제가 거기에 가겠습니다'라는 의미이다.

4
누군가를 부를 때는 ơi를 붙여라.

┃누군가를 부를 때는 호칭 뒤에 ơi 어이를 쓴다.

식당에서 종업원을 부르거나 골프 치면서 캐디를 부를 때는 베트남어로 Em ơi 앰 어이라고 한다.

> ## Q
> 긴가 민가 하는 경우 '저기요'라는 표현이 있을까?

우리가 길을 가다 앞서 걸어가는 사람이 아는 친구 같은데 긴가 민가 하는 경우에는 이름을 직접 부르지 않고 그냥 '어이'라고 부르는 경우도 있다.

사무실에서 누군가를 부를 때는
Em ơi앰 어이 Anh ơi아잉 어이(남성을 부를때) Chị ơi찌 어이(여성을 부를때)··· 등으로 부른다.

집에서 아들, 딸 아이를 부를 때는 Con ơi 꼰 어이, 엄마ㆍ아빠 부를 때는 Mẹ ơi 매
어이 Bố ơi 보 어이라고 한다.

Q
베트남에도 영어의 Oh my God! 이란 표현이 있나?

평소 교회에 다니지 않는 사람도 일이 뜻대로 잘 풀리지 않는 경우에 간혹 하느
님을 찾는 경우가 있다.
이처럼 하느님을 부를 때는 Trời ơi(쩌이 어이 trời 하늘)라고 한다.
이는 '아이고, 어이쿠, 저런, 맙소사(Oh, my God!)'란 의미이다.

A B 보너스

하노이 / 호치민 발음 비교

anh	아잉	/	안	khách	카익	/	칵	rau	자우	/	라우
bình	비잉	/	빈	khỏe	코에	/	쾌	rồi	조이	/	로이
dạ	자	/	야	lạnh	라잉	/	란	sách	싸익	/	삭
đình	디잉	/	딘	mình	미잉	/	민	thanh	타잉	/	탄
hành	하잉	/	한	rất	젓	/	럿	thích	티익	/	팃

하노이- 호치민 발음이 다르다.

긴 지형의 베트남은 지역마다 같은 표기지만 발음이 다른 경우가 있다.
외국인이 참석한 자리에서 하노이, 호치민 등 여러 지역 사람들과 공식적인 회의를
하는 경우에 통역은 하노이 표준어를 사용해야 한다.
그래서 베트남어를 처음 배우는 사람은 하노이 표준어를 먼저 익히고, 지역 방언은
해당 지역에서 생활하면서 자연스럽게 익히는 것도 한 방법이다.

하노이와 호치민 발음 중 가장 큰 차이가 나는 발음으로 d, r 2개를 들 수 있다.

d음 하노이 발음은 즈(ㅈ음),
호치민 발음은 뒤에 오는 모음에 이(ㅣ음)을 첨가하는 소리를 낸다.

> 식당에서,
> **Em ơi**(앰 어이)라고 종업원을 부른 경우에,
> 하노이에서는 **dạ** (자, ㅈ+ㅏ = 자),
> 호치민에서는 **dạ** (야, ㅣ+ㅏ = 야)라고 대답한다.

> 베트남 전통 의상도
> 하노이에서는 **áo dài** (아오 자이),
> 호치민에서는 아오 야이 (**da**는 ㅣ+ㅏ =야)로 발음한다.

r음 하노이에서는 d음과 같이 즈 (ㅈ음)로 발음한다.
호치민에서는 영어 r 처럼 'ㄹ'음과 비슷하게 발음한다.

> 매우, 아주 의미의 **rất**의 경우
> 하노이에서는 젓,
> 호치민에서는 럿에 가깝게 발음한다.

5
건배!

█ 베트남은 첨잔 문화이다.

베트남은 날씨가 덥지만 냉장 시설이 충분하지 않아서 사람들이 술 마실 때 커다란 통에 얼음을 넣고 술병을 담아 두고 마시거나 컵에 긴 막대 얼음을 넣어서 차게 마신다. 술 잔은 우리처럼 잔을 다 비우고 나서 술을 따르는 것이 아니라 일본처럼 술이 남아 있어도 수시로 잔을 채우는 첨잔 문화이다.

한국인들이 건배할 때 즐기는 원 샷(Bottoms up)은 một trăm phần trăm(못 짬 펀 짬 100% 의미)이라 한다.

| 술 마시며 건배도 지역마다 다른 표현으로 한다.

베트남 사람들은 술 분위기가 무르익으면 건배를 자주한다. 한쪽에서는 một hai ba dô못 하이 바 조(요)라고 하는데, 다른 쪽에서는 못 하이 바 요라고 한다. 같은 장소인 데 소리를 다르게 한다.

하노이 등 북부 지역 사람들은 dô 조(ㅈ+ㅗ=조)라고 하고,
호치민 등 남부 지역 사람들은 dô 요(ㅣ+ㅗ=요)라고 발음한다.

보너스

건배 유형

건배는 보통 한 사람이 **một hai ba** 못 하이 바라고 선창하면 나머지 사람들은
dô 조 또는 요라고 따라 하면서 말을 이어간다.

선창 **một hai ba** 못 하이 바 / 나머지 사람들은 **dô** 요

| 〃 **hai ba** 하이 바 | / | 〃 | **dô** 요 |
| 〃 **hai ba** 하이 바 | / | 〃 | **uống** 우엉('마시자' 의미) |

6
Nha Trang,
냐짱이야? 나트랑이야?

| nh, tr은 특별하게 기억해서 발음해야 한다.

호치민에서 약 320키로 떨어진 베트남 중남부에 위치한 해안 관광 도시인 <u>Nha Trang</u>은 영어식 발음은 나트랑인데 베트남어 발음은 냐짱으로 발음한다.

나짱 해변

베트남어 nh는 우리말 ㄴ에 가깝게 소리 난다.

nhiều 니에우는

i 이 / ê 에 / u 우 // iêu 이에우,

nh ㄴ / iêu 이에우 // nhiêu 니에우

nhiều 니에우로 발음한다.

nh은 ㄴ 음에 ㅣ를 첨가한 ㄴ + ㅣ음으로 소리나는 경우도 있다.

nha 냐는 nh (ㄴ + ㅣ) + a (ㅏ) = nha (니 + ㅏ =냐)

nhà 냐로 발음한다.

tr은 ch같이 우리말 ㅉ음에 가깝게 소리 난다.

trang 짱은 tr (ㅉ) + a (ㅏ) + ng (ㅇ) = trang (ㅉ + ㅏ + ㅇ=짱)

Nha Trang 냐짱으로 발음한다.

7
'이쑤시개를 달라'고 하다
성추행범으로 오해 받을 수 있다!

베트남어는 발음이 정확해야 의사 소통이 된다.
발음이 이상하면, 엉뚱한 말이 된다.

베트남 식당에서 일화를 하나 소개하면, 식사 후 손님이 식사비를 계산하고
카운터에 있는 여사장에게 이쑤시개를 달라고 하면서 이렇게 말했다.

Tôi muốn tắm. 또이 무언 땀
이 말을 들은 여자는 이쑤시개는 주지 않고 얼굴을 붉히면서 황당하게 쳐다 봤다.
손님은 다시 톤을 높여 Em ơi, tắm đi. 앰 어이 땀 디 라고 독촉했다.
주방에 있던 남편이 이 소리를 듣고 자기 마누라에게 장난을 치는 줄 알고 밖으로
나와서 손님에게 뭐라고 따지면서 잠시 소동이 벌어졌다.

왜 이런 상황이 벌어졌을까? '이쑤시개'는 베트남어로 tăm 땀이다.
손님이 말한 것을 우리말로 해석하면,

Tôi muốn tắm.또이 무언 땀, 나는 목욕을 원한다
Em ơi, tắm đi.앰 어이 땀 디, 너(어서, 빨리) 목욕해
라고 말한 것이다.
한국어로 쓴다면 다 같은 '땀'인데 베트남어로는 발음에 따라 뜻이 다른 단어가 된
다. 손님이 고의적으로 장난친 것이 아니지만 **이쑤시개** tăm땀을 **목욕하다** tắm땀
으로 발음을 잘못하여 벌어진 촌극으로 넘어갔다.

원하다 muốn 무언 보다는 주다 cho 쪼, 필요하다 cần 껀을 사용하는 것이 쉽게
알아 듣는다.

Em ơi, cho tôi cái tăm.앰 어이, 쪼 또이 까이 땀
또는 Em ơi, tôi cần tăm.앰 어이 또이 껀 땀

보너스

발음에 따라 의미가 다른 단어

tam 숫자 3 (three 한자어 三, 순수 베트남어는 ba 바)	tăm 이쑤시개 (toothpick)
tám 숫자 8 (eight)	tắm 목욕하다 (bath)
tạm 일시적인, 잠깐 동안의(temporary)	tằm 누에 (silkworm)

우리말로 발음을 쓰면 '땀'이지만, 발음에 따라 그 뜻이 완전히 다르다.

8
삶은 계란을 주문했는데 닭발이 나왔다!

| '모른다'는 말 보다 무서운 '알아 들었다'는 말

베트남에서 생활하던 숙소 레스토랑에는 **생맥주** bia tươi비어 뜨어이 가 아주 맛있
었다. 그래서 한국에서 손님이 오면 레스토랑에 식재료를 부탁해서 만든 골뱅이
무침 안주와 곁들여서 생맥주를 즐겨 마셨다.

어느 날 식당 직원에게 전화로 파 무침, 국수 사리, 식초, 고추 가루, 삶은 계란 2개
를 2등분…등 평소와 같이 골뱅이 무침을 위한 재료를 주문했다.
직원은 삶은 계란에 대해 이해가 안 갔는지 다시 물었다.

'삶은 계란 2개, 2등분으로 나누어 주세요'라는 표현으로
'2 trứng gà luộc, cắt 2.하이 쯩 가 루억 깟 하이'라고 말하니,
직원은
'알아 들었다. Em hiểu rồi.앰 히에우 조이(로이)'하고서 통화를 끊었다.

한국에서 온 손님이 도착할 시간에 맞추어 골뱅이 1통, 북어포를 들고 레스토랑에 도착하니 테이블 위에 골뱅이 무침용 큰 그릇과 함께 주문한 것들이 준비되어 있었다. 골뱅이를 붓고 적당한 크기로 자른 후 파무침 등 식재료를 넣고 골뱅이 무침을 만들었다. 그런데 삶은 계란이 보이지 않아 종업원에게 물으니
'잠시만 기다려 주세요. Anh đợi một chút.아잉 더이 못 쫏'이라 하고선 주방으로 갔다.

잠시 후에 종업원이 테이블에 내려 놓은 접시에는 삶은 닭발 4개가 올려져 있었다.

2 trứng gà luộc 삶은 계란 2개   2 chân gà luộc 삶은 닭발 2개

그 당시 테이블의 상황이 어떠했을 지 상상이 가는가? 순간 앉아 있는 사람들은 눈이 동그래졌다. 당황해서 왜 닭발을 4개나 주느냐고? 종업원에게 물으니 손님이 닭발 2개을 시켰는데 닭발을 2등분으로 자를 수 없어 주방에서 닭발4개를 준비하였다고 한다.

전화로 **삶은 계란 2개** 2 trứng gà luộc하이 쫑 가 루억 를 주문했는데,
삶은 닭발 2개 2 chân gà luộc하이 쩐 가 루억 으로 잘못 알아 들었던 것이다.

한 바탕 웃고 넘긴 일화이지만, 베트남어는 발음이 얼마나 중요한지 새삼 느끼게 되었다.

 **보너스**

발, 다리 관련 어휘

발 chân (쩐, foot)   발 마사지 chân mát xa (쩐 맛 사, foot massage)
교량, 다리 cầu (꺼우, bridge)

9
메뚜기(châu) 사러 가서
물소(trâu) 고기 사게 된다.

| 발음이 비슷한 단어는 주의해야 한다.

베트남에서 생활하면서 가을에는 가끔 메뚜기 볶음 요리를 먹었다.
11월 늦가을 어느 날 아침 일찍 메뚜기를 사려고 동네 골목시장에 갔다.

메뚜기 볶음

평소에 자주 가는 과일 가게 아주머니에게
'나는 메뚜기를 사려고 합니다. 어디서 팔아요?
Tôi muốn mua con châu chấu. Ở đâu, bán?또이 무언 무어 꼰 쩌우 쩌우, 어 더우, 반'
이라고 물었다.

시장통에 사람들이 시끌벅적해서 그런지 아주머니가 고개를 꺄우뚱하면서 알려 주는 곳으로 갔다.
가게에는 한 여자가 물소 고기, 돼지 고기를 팔고 있었다.

'나는 메뚜기를 사려고 한다.
Tôi muốn mua con châu chấu.또이 무언 무어 꼰 쩌우 쩌우' 라고 하니까,
물소 고기 con thịt trâu꼰 팃 쩌우를 가리켰다.

그래서 '메뚜기 어디에서 파는지 아세요?
Chị có biết, ở đâu, bán con châu chấu không?찌 꼬 비 엣, 어 더우, 반 꼰 쩌우 쩌우 콩'이라고 다시 물었는데, 여전히 물소 고기만을 가리켰다.
하는 수 없이 과일 가게로 와서 아주머니에게 메뚜기를 사지 못했다고 하니, 지금 은 11월이라 철이 너무 늦어서 메뚜기는 살 수 없다고 했다.

베트남어 con châu꼰 쩌우와 con trâu꼰 쩌우의 경우는 외국인에게는 거의 비슷 하게 들린다. 그래서 제대로 발음하기 아주 어려운 단어이다.
베트남 사람들은 외국인이 발음을 서투르게 하면 주의 깊게 들어 주지 않고, 먼저 '모른다. không biết콩 비엣 이라고 한다.
그래서 발음이 비슷한 단어는 반복해서 연습하여 정확하게 발음할 수 있도록 해 야 베트남에서 잘 생활 할 수 있다.

10
사위를 변태로 소개할 수 있다.

| 사위가 변태로 오해 받을 수 있다.

어느 날 시골의 엄마가 도시에서 직장
을 다니는 딸 집에 왔다. 엄마가 딸이
생활하는 집에 도착하자 방 안에 한 외
국인 남자가 있는 것을 보고서,

'누구세요? Anh là ai?아잉 라 아이'라고
물었는데, 그 남자는 '나는 변태입니
다. Tôi là con dê cụ.또이 라 꼰 제 꾸'라
고 대답했다.

베트남 야외 웨딩촬영

엄마는 놀란 표정으로 딸을 쳐다 보니, 딸이 "지금 사귀고 있는 남자 친구인데, 외국인이라 발음이 아직 서투르다"고 하는 말을 듣고서야 엄마는 빙그레 웃음 지으면서 고개를 끄덕였다.

딸의 남자 친구는
'저는 당신의 사위입니다. Em là con rể cụ.앰 라 꼰 제(레) 꾸'
라고 농담하려고 했는데, 사위 con rể cụ꼰 제 꾸를 변태 con dê cụ꼰 제 꾸라고 발음을 잘못한 것이다. 그 당시는 한 바탕 웃고 넘어 간 일이었지만 발음 차이가 이렇게 완전히 다른 의미로 전달되기도 한다.

Q

con dê cụ(꼰 제 꾸, con dê 염소, cụ 할아버지)이며, 직역하면 할아버지 염소인데, 왜 변태라고 하나?

1. 베트남 사람들은 웃음이 많은 사람을 염소에 비유해서 말한다.
2. 바람둥이 기질이 있는 남자는 이쪽 저쪽에 살랑살랑 다니면서 관심 있는 여자에게 다가가 눈웃음을 치고 입가에 미소를 머금으면서 여자의 마음을 사로 잡으려 하는 행동을 한다. 이런 사람을 흔히 변태, 완전 변태라고 말한다.

보너스

베트남에서 꼭 알아야 할 표현 3가지

안녕하세요.	**Xin chào.** 신 짜오	Good morning! / afternoon / evening
감사합니다. 고맙습니다.	**Xin cảm ơn.** 신 깜 언	Thank you.
얼마 입니까?	**Bao nhiêu?** 바오 니에우	How much is it?

*쇼핑, 식당, 커피숍, 호텔, 표 구입… 어디서든 계산시 표현 가능

Part 3

베트남 문화로
베트남 이해하기

매우 쉽고 재미있게 쓰여진 이 책은 누구나 부담감 없이 술술 읽을 수 있습니다. 이 책을 통해 베트남에서 상당기간 살아야만 알 수 있는 일상생활, 언어, 투자환경 등에 대한 지식을 저절로 얻게 될 것입니다. 베트남으로 향하는 여행객, 유학생 그리고 기업인들에게 이 책을 추천합니다.

前 신한베트남은행 하노이지점장 **황연진**

1
S라인의 베트남

베트남 남북의 직선 거리는 서울-부산 거리의 4배정도인 약 1,700km이다.

<u>베트남 Việt Nam(비엣 남)의 지형은 중간이 짤룩한 S자 라인 모양으로, 하노이는 북쪽에, 남쪽에는 호치민이 있다.</u>

대기중

베트남의 수도 하노이 Hà Nội하 노이는 베트남 전쟁이 끝난 다음해인 1976년에 수도 thủ đô투 도가 되었다.
하노이 외곽으로 홍강 sông Hồng쏭 홍이 흐르고 있는데, 하노이는 하천 안쪽에 있는 지역이라는 의미에서 붙여진 이름이다.

sông Hồng쏭 홍은 'sông 강, hồng 붉다' 의미로 '홍강'이라 부른다.
Hà Nội하 노이는 'Hà 河 하천 하, Nội 內 안 내'로 '하천 안쪽'이라는 의미이다.

 베트남 여행 Tip

하노이 시내 관광명소
호안 끼엄 호수, 호치민 묘, 베트남 최초의 대학인 문묘, 동쑤언 시장, 수상 인형극장, 역사
박물관 등이 있다.

2
호치민, 베트남의 제 1 경제 도시

사이공 Sài Gòn 싸이 곤에서 호치민
Hồ Chí Minh 호 찌 밍으로 이름을 바꾸었다.

베트남에서 가장 큰 도시로 인구는 1천만 명이 넘는
대도시이다.

랜드마크 81

🚲 베트남 여행 Tip

호치민 시내 관광명소
벤탄 시장, 중앙 우체국, 노트르담 성당, 호치민 박물관, 대통령 궁, 랜드마크 81 등이 있다.

1975년 북 베트남은 미군이 지원하는 남 베트남을 멸망시키고 통일을 이루었다.

이후 미국에 대한 승전과 통일을 기념하기 위해 1976년 남 베트남의 수도였던 사이공 Sài Gòn싸이 곤을 호치민 Hồ Chí Minh호 찌 밍으로 이름을 바꾸었다.
도시의 새 이름이 된 호치민 Hồ Chí Minh호 찌 밍의 유래는 호치민 주석이다.
호치민 주석은 베트남 독립 및 통일을 위해 가장 헌신한 사람으로 남북이 통일되기 전인 1969년에 사망했다.

베트남 정부는 남북을 통일한 기념으로 그의 민족 자주 정신을 오래 간직하기 위해 도시 이름을 그의 이름으로 변경했다.

Q
베트남에서 자주 보이는 VINA는 무엇인가?

VINA는 간판, 상품명, 회사 이름 등에 쓰이며, 택시를 타거나 길을 걷더라도 안보이는 곳이 없을 정도로 자주 볼 수 있다.

VINA MILK,
VINASUN TAXI,
Vinaphone …

비나선 택시

VINA는 VIệt NAm에서 각각 앞 2자리를 따 온 표기로 베트남 Việt Nam(비엣 남)을 의미한다.

3
호치민 아저씨

베트남에서 가장 존경 받는 인물은 Hồ Chí Minh 호 찌 밍 '호 아저씨'이다.

베트남 사람들은 그를 Bác Hồ 박 호라고 부른다.
베트남어에서 Bác 박은 큰아버지란 뜻이다. 영어로 uncle Ho Chi Minh 언클 호 치민으로, 우리말로 호 아저씨로 말할 수 있다.

호찌밍의 동상

베트남 문화에서는 장손을 매우 중시한다.

그래서 큰아버지와 아저씨 사이에는 매우 큰 의미 차이가 있다.

같은 촌수라도 큰아버지의 자식은 아버지, 작은아버지 자식들 보다 무조건 윗사람이 된다. 그래서 큰 아버지의 아들은 나 보다 나이가 어려도 형 anh아잉이라고 부른다. 베트남 사람들이 호치민을 Bác Hồ박 라고 부른 것을 보면 그가 베트남 사람들의 마음 속에 어떻게 자리잡고 있는가를 이해할 수 있다.

│ 베트남에서 매년 9월 2일은 두 가지 큰 의미가 있는 날이다.

하나는 1945년 세계 2차 대전에서 일본이 패하면서 호치민 Hồ Chí Minh호 찌 밍 주석이 베트남 독립을 선언한 날이고, 또 다른 하나는 1969년 호치민 주석이 서거한 날이다.

│ 호치민은 그가 사용한 가명 중의 하나이다.

그는 베트남 중부지방에서 태어났으며, 본명은 Nguyễn Tất Thành 응우옌 떳 타잉이다. 그는 프랑스 지배로부터 독립하기 위해 독립운동가로 활동하다가 프랑스의 수배를 받게 되자 피신과 망명 생활을 하면서 은밀하게 숨어서 지내며 많은 가명을 사용했다. 그 중 가장 대중에게 유명한 가명이 호치민이다.

호치민은 죽기 전 1968년에 유언장에서 "유골을 항아리 3개에 넣어서 베트남 북부·중부·남부에 하나씩 묻고 유골을 묻은 언덕 위에 정자를 짓고 나무를 많이 심어 방문하는 사람들에게 쉬는 공간을 만들어 달라"고 했다.

그러나, 그의 서거 후 베트남 공산당과 많은 국민들이 한결같은 마음으로 그를 오랫동안 기리고 싶어서 묘를 만들어서 유언과 다르게 호치민이 독립선언문을 낭독했던 역사적인 장소인 하노이 바딘 광장 Quảng trường Ba Đình광 쯔엉 바 딩에 그의 묘소를 만들고 시신을 생전의 모습 그대로 방부 처리하여 안치하였다.

베트남 여행 Tip

호치민 묘소 참배
호치민 묘소 안에서는 사진 촬영을 금지!
보안 요원들이 엄격하게 통제하고 있으니 사진 촬영 하지 않는 것은 국격을 높이는 것임을 꼭 기억해야 한다.

》 호치민 묘소에는 1년 내내 베트남 각지에서 찾아온 참배객들과 관광객들의 발걸음이 이어지고 있다.

호치민 묘소 앞 바딘 광장

베트남 호칭

"나"는 베트남어로 tôi 인데, 상대방 따라 tôi 대신 호칭을 바꾸어 표현한다.

ông	할아버지/그 정도 나이 드신 남자	anh	형, 오빠/그 정도 나이 남자
bà	할머니/그 정도 나이 드신 여자	chị	누나, 언니/그 정도 나이 여자
bố	아버지	em	동생/그 정도 나이 남녀
mẹ	어머니	cháu	손자, 조카/그 정도 나이 남녀
con	아들, 딸	thầy(giáo)	남자 선생님
bác	큰 아버지, 큰 어머니/그 정도 나이 남녀	cô(giáo)	여자 선생님
chú	작은 아버지/그 정도 나이 남자	bạn	친구
cô	고모/어머니 정도 나이 여자		

일반적으로 집 밖이나 직장에서 말하는 경우, 나이가 많은 남자는 anh 아잉, 여자는 chị 찌, 나이가 어리면 em 앰이라 한다.

4
자존심이 강한 민족

베트남 사람은 Xin lỗi 신 로이 란 말을 잘 쓰지 않는다.

Q

우리 말은 상황에 맞는 사과의 표현이 다양하다.

예를 들면 '미안합니다. 죄송합니다. 잘못했습니다.' 등이 있다.

그럼, 베트남어는 몇 가지 표현이 있을까?

Xin lỗi 신 로이 하나로 정리된다.

Xin 신은 상대방에게 공손히 말할 때 붙이는 말이며, lỗi 로이는 '잘못하다' 라는 의미이다.

베트남어 Xin lỗi 신 로이는 영어의 I'm sorry.와 Excuse me.에 해당 되는 말인데, 베트남 사람들은 '죄송합니다 Xin lỗi 신 로이'를 잘 사용하지는 않는다.

베트남 사람들을 잘 살펴보면, 사용하는 말의 표현뿐만 아니라, 행동에 대한 잘
못도 쉽게 인정하기 보다는 웃음으로 얼버무리거나, 이유를 말하면서 타당성을
말하는 것을 쉽게 볼 수 있고, 회사에 지각한 경우에도 먼저 죄송합니다 Xin lỗi
신 로이 라고 하지 않고, 늦게 온 이유를 먼저 말하는 편이다.

- 오토바이가 고장나서 **vì xe bị hỏng**비 쎄 비 홍
- 오토바이가 타이어 빵꾸나서 **vì xe bị thủng lốp**비 쎄 비 통 롭
- 아이가 아파서 **vì con bị ốm**비 꼰 비 옴
- 비가 많이 와서 **vì trời mưa to**비 쩌이 므어 또…등

여기에 독특한 공통점이 있다.

늦은 이유도 늦잠을 자다 thức dậy muộn특 저이 무언 처럼 자신이 직접 잘못했다는
내용은 없다. 늦은 이유는 자신이 직접 잘못한 것이 아니라 본인의 의도와 상관없
이 어쩔 수 없이 늦었다는 것이다.

외국인 입장에서는
'왜 자신의 잘못은 인정하지 않고 탓만 한다'는 생각이 들게 된다.
수년간 베트남에서 생활한 저의 경험은 그들의 이러한 행동은, 살아온 환경이 공
산주의 국가에서는 자신이 언행을 잘못한 경우에 자아비판自我批判 을 강요 받을
수도 있으니까, 내 잘못으로 인해 출근이 늦었다는 것을 밝히지 않는 것이 생활화
되어 있는 것 같다.
그래서 베트남 사람이 실수 했을 때, "왜 너의 잘못을 인정하지 않느냐?"라고 말하
면 분위기가 급속도로 냉각된다.

▌베트남 사람들은 자존심이 매우 강한 편이다.

세계에서 유일하게 중국, 프랑스, 미국 등 강대국과 전쟁에서 이겼다는 사실과 자신들의 삶을 자신들이 주관한다는 민족의식을 아주 자랑스럽게 생각하고 있어서 그들은 다른 사람 앞에서 체면 상하는 것을 아주 싫어한다.

다른 곳도 아닌 직장에서 본인이 잘 못한 내용을 지적하는 것임에도 다른 사람 앞에서 공개적으로 말하면, 쉽게 수긍하지 않고 서로 기분만 나빠지게 되는 경우가 종종 있으므로 주의하자.

5
베트남의 시조 훙왕

우리에게 개천절이 있다면 베트남에는 훙왕 Hùng vương 훙 브엉
제례일이 있다.

덴훙 축제

훙왕을 모시는 사원에는 남월조조 祖肇越南, 남월<베트남>의 시조라는 현판이
붙어 있다.

훙왕은 베트남의 건국 신화에 따르면, 기원전 약 3천년 전 하노이에서 북서쪽으로
약 85Km 떨어져있는 지금의 푸토 Phú Thọ푸 토 성(省) 벳찌 Việt trì비엣 찌 시(市)
에 베트남 최초의 국가인 반랑을 세우고 왕이 되었다고 한다.

음력 3월 10일이 되면 베트남 사람들이 훙왕에게 얼마나 애정을 가지고 있는지 알
수 있다. 일 주일 전부터 축제가 열리고 제례를 올린다.
제례 당일에는 국가 주석 등 정부 고위 관료가 참석하는 국가적인 행사로 거행되
고 있다. 이 행사에는 현재 베트남에서 살아가는 54개 민족대표들도 함께 참석하
여 서로 단합을 다지고 있다.

축제 기간 동안에는 민속 악기 연주, 전통 예술 공연, 가마 행렬 등이 펼쳐지며, 훙
왕 숭배 의식은 오랜 역사와 문화적 가치를 인정 받아 2012년에 유네스코 인류 무
형 문화 유산으로도 인정받았다.

베트남 Tip

베트남 역사
베트남은 최초의 국가인 반랑에 이어 어우락 ➡ 남월(南越)… ➡ 월남(越南)이었는데, 지금
은 베트남 Việt Nam비엣 남이라 한다.

베트남 공휴일

설날 Ngày Tết	음력 1월 1일 전일부터 4일간
훙왕 제례일 Ngày Giỗ Tổ Hùng Vương	음력 3월 10일
전승 기념일 Ngày Giải Phóng Miền Nam	4월 30일
노동자의 날 Ngày Lao Động Quốc Tế	5월 1일
건국기념일 Ngày Quốc Khánh	9월 2일

6
베트남에서 베트콩 본 적 있나?

| 베트콩은 베트남 전쟁에서 승리한 사람들이다.

베트콩 Việt Cộng비엣 꽁(월공 越共)은 베트남 공산주의자 Việt Nam Cộng Sản비엣 남 꽁 산의 약자로, 북 베트남의 지원을 받아 남 베트남과의 싸움에 가담한 군인들을 말한다.

| 프랑스의 지배를 받아오던 베트남은

1940년 일본군이 들어오면서 일본과 프랑스 양국의 지배하에 놓이게 되었다. 1945년 8월 2차세계대전에서 일본이 패하고 물러나면서 호치민 주석을 중심으로 한 베트남 공산당은 1945년 9월 2일 하노이 바딘광장에서 독립을 선포하였다. 그런데 프랑스가 이를 인정하지 않으면서 프랑스와 다시 전쟁을 하게 되었다. 약 9년 간의 전쟁은 1954년 지압 장군이 프랑스에 승리하면서 프랑스의 지배는 종식되었다.

강대국들이 얄타회담에서 우리나라를 남북으로 나누어 신탁통치를 결정한 것처럼, 베트남도 프랑스에 승리한 후 제네바협정에 의해 남과 북으로 나뉘어 독립을 하였다. 사이공(현 호치민)을 중심으로 한 남베트남은 미국 지원으로 민주주주의를, 하노이 중심의 북베트남은 공산주의를 추구했다.

| 베트남에 베트공은 없다.

북베트남은 남북으로 나누어진 베트남 통일을 위한 투쟁으로 남북 간 내분이 계속되었고, 결국은 미국도 베트남 내전에 개입하게 되었다. 그 후 1975년 4월 30일 사이공이 함락되기 전까지 약 15년 동안 남북 간에 전쟁을 하였다. 우리나라도 월남에 맹호부대, 청룡부대 등을 파견하였으며 많은 전투에서 베트콩과 싸웠다. 그 당시 베트콩들이 가장 무서워한 군인이 한국군이었다고 할 정도로 전투가 치열했다. 베트공들은 북베트남의 월맹군과 함께 남베트남 정부를 멸망시키고 남북통일을 이루었다.

지금은 베트남 어디에도 베트콩은 없다. 그러나 아직도 우리 주변에는 베트남 전쟁에 대한 기억 때문인지 베트남 하면 베트콩을 연상하는 사람들이 있다.

Q
베트남에서 하지 말아야 할 말은?

베트남 사람들과 베트남 전쟁에 대한 이야기는 하지 않는 것이 좋다. 베트남 전쟁에 참전한 한국군으로부터 부모 형제를 잃은 베트남 사람들은 아직도 한국에 대한 반감이 많이 남아 있다. 그래서 그들의 아픈 기억을 들추어서 말하지 않는 게 낫다.

7
용이 내려온 곳 하롱베이

하늘에서 용이 내려 온 곳!
베트남 사람들도 용을 좋아하는 민족이다.

하롱베이 Vịnh Hạ Long비잉 하 롱은 하
늘에서 용이 내려 온 곳이다.
Hạ Long하 롱은 'Hạ 下 아래 하, Long
龍 용 용'으로 용이 내려 온 곳'을 의미
한다.
베이(bay)는 베트남어로 Vịnh비잉으로
'만 灣'을 뜻한다.

하롱베이

하롱베이는 베트남을 찾는 관광객들이 많이 가는 관광지 중 한 곳이다.
잔잔한 바다 위에 울룩불룩 솟은 약 2천여 개의 크고 작은 섬들이 모여서 장관을
이루고 있으며 석회암 동굴 안에서 종유석도 볼 수 있다. 이곳은 우리 나라 제주도
와 함께 2011년 세계 7대 자연경관으로 선정된 곳 이기도 하다.

8
용이 승천한 곳 하노이

| 베트남의 수도인 하노이 Hà Nội 하 노이

하노이의 옛 이름 Thăng Long탕 롱은 용이
하늘로 올라 간 곳이라는 의미에서 붙여진 이
름이다.

• 'Thăng 昇 오를 승, Long 龍 용 용'으로 '용이
승천한 곳' 의미

2010년은 천도 1000년이 되는 해를 기념하기
위해 큰 행사가 많이 열렸다. 이 기념 사업의
일환으로 우리나라 K건설에서 지은 72층 랜
드마크 건물이 하노이에 우뚝 솟아 있다.

하노이 랜드마크 72

하노이 외곽을 잇는 탕롱 고속도로는 2010년 베트남 이 Ly리 왕조가 수도를 탕롱으로 옮긴 기념일에 맞추어 개통되었다.

베트남 Lý 리 왕조, 화산 이씨의 시조

1009년 지금의 하노이 인근 박닌 Bắc Ninh박 닌에 이 Lý리 왕조가 세워졌으며, 1010년 지금의 하노이인 Thăng Long탕 롱으로 수도를 옮겼다.

이 왕조가 망하면서 왕족이었던 Lý Long Tường리 롱 뜨엉, 이용상(李龍祥)은 고려 고종 때 한반도로 귀화하여 화산 이씨의 시조가 되었다. 현재 경북 봉화에 화산 이씨 집성촌도 있다.

9
잘 갖추어진 주소 체계

프랑스의 영향을 받아 주소가 체계화 되어 있다.

베트남은 거리마다 도로명, 번지 등이 표지판에
적혀 있다.
가게 간판 아래쪽에도 주소가 적혀 있어 길 찾기
가 아주 편리하다.

주소 표지판

현재 쓰는 주소 체계는 프랑스 통치 시대 영향을 받아서 정립된 것으로 긴 역사를 가지고 있다.

그래서 주소와 주소표기 체계만 알면 복잡한 시내 골목길도 쉽게 찾을 수 있다.
베트남 주소 표기는 우리와 반대로 번지부터 표기한다.

- **대한민국** : 경상남도 창원시 의창구 용지로 285
- **베트남** : 285 용지로 의창구 창원시 경상남도

Q
호치민시의 주소에 있는 TP의 의미는?

호치민시는 thành phố(타잉 포)를 붙여야 한다.
일반적으로 도시 이름 앞에 시 thành phố타잉 포를 붙이지 않는데, 호치민 경우에는 호치민 Hồ Chí Minh호 찌 밍 주석 이름과 구분하기 위해 도시명 앞에 thành phố타잉 포 또는 약어 TP를 붙여 thành phố Hồ Chí Minh타잉 포 호 찌 밍 또는 줄여서 TP. HCM으로 표기한다.

10
베트남 전통 의상 아오자이

경쾌한 맵시, 은은한 실루엣이 더 멋스러운 전통 의상
아오 자이 Áo dài 아오 자이

> 가냘픈 듯 경쾌한 맵시, 때로는 화려해 보이지만 은은한 실루엣이 더 멋스러운,
> 작은 바람에도 옷깃 휘날리는 푸른 연가(戀歌) 같은…
>
> - 유명한 노래 중 하나인 푸른 아오자이 (The Blue Ao Dai)의 가사 중 -

아오자이는 원피스 형태의 긴 상의를 말하는데, 우리의 전통 의상인 한복 치마 처럼 다리 아래까지 길게 내려 오며 속에는 통바지 형태의 하의를 같이 입는다. Áo아오는 '상의', dài자이는 '길다'는 의미이다.

요즈음 대부분의 베트남 여성들은 설날, 축제, 행사 등 특별한 날에 우리나라에서 한복을 입는 것처럼 아오자이를 많이 입는다.

베트남 항공을 타 본 사람들은 여 승무원들이 붉은 색 또는 파란색 계통의 아오자이를 입은 모습이 떠 오를 것이다.

전통의상 아오자이

아오자이 구입 요령

베트남 관광객들 중에 아오자이를 구입해서 한국에 와서 입으면 잘 맞지 않는 경우가 종종 있다. 특히 한국 여성 체형은 어깨 부분이 베트남 여성들 보다 넓어서 기성품은 잘 맞지 않을 수 있다. 구입 할 때는 입어보고 몸에 잘 맞는 것을 구입하는 지혜가 필요하다.

A B 보너스

색깔

빨강색	đỏ 도		분홍색	hồng 홍
주황색	cam 깜		흰색	trắng 짱
노랑색	vàng 방		검정색	đen 댄
초록색	xanh lá cây 싸잉 라 꺼이		회색	xám 쌈
파랑색	xanh 싸잉		갈색	nâu 너우
보라색	tím 띰		하늘색	xanh da trời 싸잉 자 쩌이

11
다람쥐 똥 커피 맛은?

| **다**람쥐 con sóc 꼰 쏙 상표 커피에 현혹되지 말자!

Q
다람쥐 con sóc 꼰 쏙 그림 = 다람쥐 똥 커피일까?

베트남에는 다양한 커피 종류가 판매되고 있다. 그 중에서 한국인들에게도 많이 알려진 커피가 다람쥐똥 커피일 것이다.

하지만, 관광객이 많이 찾는 전통 시장, 길거리 가게 등에서 다람쥐 con sóc 꼰 쏙 커피가 커피 열매를 먹은 다람쥐 배설물로 만든 '다람쥐 똥 커피'를 많이 팔고 있는데, <u>가격은 비싸면서도 품질은 보증되지 않은 것이</u>

<u>많으므로 구매하는데 주의해야 한다.</u>
특히 커피 포장지에 다람쥐 con sóc꼰 쏙가 그려진 커피도 많이 팔리고 있는데, 이것은 다람쥐 똥 커피와 상관없는 '다람쥐 상표' 커피이므로 구매 시에 속지 않아야 한다. 족제비 cà phê chồn까페 쫀 그림이 있는 커피도 족제비 똥 커피가 아니라 단지 상표일 뿐이다.

| 베트남은 로부스타종 커피의 최대 생산국이다.

커피는 크게 아라비카(arabicas), 로부스타(robustas), 리베리카(libericas) 3종류가 있는데, 아라비카종이 전 세계 산출량의 약 70%를 차지한다. 약 30% 정도는 로부스타종이고, 리베리카종은 2~3%로 아주 적은 양이 생산된다.

브라질, 콜롬비아 등 중남미에서는 대부분 아라비카종이 생산되고, 로부스타종은 베트남, 인도네시아 등 동남아시아 지역에서 주로 생산되고 있다.
베트남산은 주로 인스턴트 커피용 원재료로 많이 사용된다.
커피 cà phê까페는 캐슈넛(Cashew nuts), 후추(Black Pepper) 등과 함께 베트남에서 수출하는 농산품으로 많은 양을 차지한다.

| 커피 추출기 핀

베트남 현지 커피숍에서는 커피 핀(phin)에 커피 가루를 넣고 물을 부어 내려 마시는데 커피 가루도 일부 내려오지만 에스프레스 추출기와 비슷한 기능을 하는 커피 추출 기구다.

블랙커피 내리는 핀

con과 cái

베트남어는 명사의 종류를 구분하기 위해 동물 등 움직이는 물체 앞에는 con 꼰을 붙이고 움직이지 않는 물체 앞에는 cái 까이를 붙인다.

다람쥐는 con 꼰을 붙여 con sóc 꼰 쏙이 된다.
책상은 cái 까이를 붙여 cái bàn 까이 반이라 한다.

cái 까이 대신 여러 유형별로 구별하기 위해,
책 종류는 quyển 꾸옌, 과일은 quả 꽈, 그림 종류는 bức 븍… 등을 붙인다.

ex) 책 quyển sách 꾸옌 싹, 사과 quả táo 꽈 따오, 그림 bức tranh 븍 짜잉

12
거리를 누비는 오토바이 물결

오토바이는 베트남사람들에게 가장 대표적인 이동수단이다.

날씨가 무더워서 그런지 베트남
사람들은 걷는 것을 좋아하지 않
는 편이다. 가까운 거리에 이동
하는 경우에도 자전거나 오토바
이를 타고 이동한다. 출·퇴근뿐
만 아니라 아이들 등·하교 시킬
때도 대부분 오토바이를 이용한
다.

거리위의 오토바이

오토바이를 이용해서 무겁거나
부피가 아주 커다란 짐을 실어 나르기도 한다. 소, 돼지 등 가축을 운반하는데도
많이 이용했는데, 시내에서는 거의 자취를 감추었다.

따가운 햇빛아래 오토바이를 타기 위해 얼굴을 가리고 손끝에도 토시 장갑을 끼고 탄다.

아열대성 기후인 베트남에서는 갑자기 비가 내리면 길가에 오토바이를 잠시 세우고 안장 밑에 보관된 비옷을 꺼내어 입고 달리는 모습도 가끔 볼 수 있다.

▌영업용 오토바이 xe ôm 쌔 옴도 탈 수 있다.

쎄옴 xe ôm쌔 옴은 'xe 육상 교통 수단, ôm 껴안다'는 의미이나,

이 말의 유래는 <u>'손님이 오토바이 뒷좌석에 앉아 앞에 오토바이 기사 허리를 껴안고 간다'는 모습에서 생긴 말이다.</u>

쌔옴은 길거리 어디서나 쉽게 이용할 수 있고, 택시 보다 요금이 싸고 좁은 골목 안쪽까지도 쉽게 들어갈 수 있어 편리하다.

Q
xe ôm 쌔 옴 타기 노하우

xe ôm쌔 옴도 카카오 택시처럼 앱을 이용할 수도 있지만, 그렇지 않은 경우는 출발 전에 미리 행선지와 요금을 결정한 후 타야 바가지를 쓰지 않는다. 안전을 위해서는 야간이나 외진 곳은 가능한 이용하지 않는 것이 좋다.

13
영상 10도에 학교 안 간다.

| 베트남에도 눈 내리는 곳이 있다.

베트남 날씨는 1년 내내 무더울 것으로 생각 들지만 지형이 남북으로 길게 뻗어 있어 지역별로 기온 차가 많다.

Sa pa의 전경

중국과 접경 지역에 가까운 베트남 북부 관광 명소의 한 곳인 사파 Sa Pa 사 빠는 겨울철에 얼음이 얼기도 하며 간혹 눈까지 내릴 때도 있다. 겨울철에는 사람들이 방한복을 입고 장갑을 끼고 오토바이를 탄다.

하노이, 하롱베이 등 중국에 가까운 북부지역은 봄·여름·가을·겨울 4계절이 있다. 여름은 고온 다습하지만 겨울은 영상 18도 이하 날씨가 많고, 하늘도 회색 구름이 짙게 끼고 비가 부슬부슬 내릴 때는 음산하고 체감 온도는 제법 추운 곳이다.

베트남 북부의 한 겨울에는 가끔 영상 10도 밑으로 내려 가는 날도 있다. 교실에 난방시설이 되어 있지 않아서, 아침 6시 30분 일기예보 기준으로 기온이 10도 미만으로 내려가면 초등학교는 자동적으로 휴교를 한다.
기온이 7도 밑으로 내려 가면 중학생도 학교에 가지 않는다.

Q
적도와 가까운 베트남 남부는 살기 힘들 정도로 더울까?

베트남 남부지역 날씨는 연중 무덥기는 하지만 북부 지역 보다는 습도가 낮으므로 나무 그늘 밑이나 햇볕을 가리는 장소에 들어가면 생활하기는 한층 좋다.

베트남 지역 구분
북부 miền bắc 미엔 박 하노이, 하이퐁, 사파 지역
중부 miền trung 미엔 쭝 다낭, 후에, 호이안 지역
남부 miền nam 미앤 남 호치민, 냐짱 지역

남부 호치민 지역은 적도 쪽에 가까워 연중 무더운 날씨가 계속된다. 때문에 온도가 아닌 비가 오는 시기로 우기와 건기로 나누어 진다.
우기는 보통 5월 ~ 10월이고 건기는 11월 ~ 4월까지인데, 본격적인 우기에 들어가기 전인 4, 5월은 연중 기온이 가장 높은 때다. 호치민 지역은 하늘이 맑다가도 갑자기 스콜(squall)이 한 차례 내리면 무더위를 한 풀 식혀 주어 시원함을 느끼게 해준다.

날씨

춥다 **Trời lạnh.** 쩌이 라잉 (It's cold.)

시원하다 **Trời mát.** 쩌이 맛 (It's cool.)

화창하다 **Trời nắng.** 쩌이 낭 (It's sunny.)

구름 끼었다 **Trời có mây.** 쩌이 꼬 머이 (It's cloudy.)

비가 온다 **Trời mưa.** 쩌이 므어 (It's rainy.)

14
베트남 사람들도
행운의 숫자는 7일까?

| 베트남 사람들은 숫자 9를 좋아한다

우리나라 사람들은 7을 행운의 숫자(lucky seven)라고 좋아하는데, 베트남 사람들은 9를 좋아한다. 숫자 9는 0에서 9 중에서 가장 큰 숫자로 힘이나 권력을 상징하는 숫자로 생각한다.

베트남 국내 기업 맥주 중 대표적인 것이 333 ba ba ba바 바 바이다. 숫자를 모두 더하면 9가 된다. 처음에는 33이었는데 베트남 전쟁 후에 3을 하나 더 붙여 333으로 바꾸었다.

베트남 333 맥주

숫자 9의 특징은 어떤 수와 곱해서 얻은 결과 값을 더하면 항상 9가 된다.
예를 들어, $2 \times 9 = 18$ ➡ $1+8 = 9$, $7 \times 9 = 63$ ➡ $6+3 = 9$, $9 \times 9 = 81$ ➡ $8+1 = 9$ 처럼 모두 9가 되는 것을 알 수 있다.

| 베트남 사람들이 싫어하는 숫자

베트남 사람들은 중국인들처럼 숫자 4를 싫어한다. 중국인들이 4를 싫어하는 이유는 발음 때문이다. 숫자 4(四)는 sì쓰 인데, 이는 죽을 사(死) sǐ쓰 와 발음이 비슷해 꺼림직하게 생각하기 때문이다.

베트남 사람들도 그 영향을 받아서 일상생활에서 휴대폰 번호도 4자가 없는 것을 고르고, 호텔 방 번호도 1, 2, 3, 5… 식으로 4자를 건너 뛰고 표기한다.

또, 우리가 좋아하는 7도 싫어한다. 숫자 7은 베트남어로 bảy바이인데, 이는 '실패하다' thất bại텃 바이의 bại바이와 발음이 비슷하기 때문이다.

⒜ ⒝ 보너스

숫자

0 **không** 콩 (zero)	7 **bảy** 바이 (seven)
1 **một** 못 (one)	8 **tám** 땀 (eight)
2 **hai** 하이 (two)	9 **chín** 찐 (nine)
3 **ba** 바 (three)	10 **mười** 므어이 (ten)
4 **bốn** 본 (four)	11 **mười một** 므어이 못 (10 mười + 1 một, eleven)
5 **năm** 남 (five)	12 **mười hai** 므어이 하이 (10 mười + 2 hai, twelve)
6 **sáu** 싸우 (six)	

15
베트남 화폐 동 덩치가 너무 커!

10만동, 20만동, 50만동?

베트남 화폐 단위는 Đồng동이다.

베트남 지폐 10만동

우리나라 원(₩), 미국 달러($), 영국 파운드(£), 유럽 연합 유로화(€)등 나라 마다 화폐 단위가 있고 베트남 화폐 단위는 Đồng동인데 VND(Viet Nam Dong -VND)로 표기한다.

우리나라 원화의 경우는 화폐 마다 인물이 다른데 베트남 동화는 모두 호치민 Hồ Chí Minh호 찌 밍상이 새겨져 있다. 이는 호치민 주석이 죽은 후에도 베트남 국민들로부터 얼마나 추앙을 받고 있는지를 엿볼 수 있다.

베트남 화폐는 주화와 지폐 2종류가 있다. 지폐는 100동, 200동, 500동, 1천동, 2천동, 5천동, 1만동, 2만동, 5만동, 10만동, 20만동, 50만동 12종류가 있다. 소액 지폐와 주화는 현재 거의 거스름돈 지불용으로 쓰인다.

▌고액권 지폐는 찢어진 경우에는 사용할 수 없다.

고액권 지폐는 위조의 위험이 있어서, 심하게 구겨 지거나 찢어진 경우에는 사용할 수 없다. 은행에 입금하러 가도 받아 주지 않는다.
그래서 10만동, 20만동, 50만동 지폐는 환전하거나 계산하고 거슬러 받을 때 돈 상태를 잘 확인하고 받아야 한다.

Q
어떻게 계산하면 쉽게 우리나라 원화로 계산할 수 있을까?

먼저 베트남 동화에서 0을 하나 뗀 후 2로 나누면 우리 원화 가치와 비슷하다.

베트남 돈 200,000동의 경우, 0을 하나 떼면 20,000이 되고 2로 나누면 10,000이 된다.
즉, 우리 원화로 약 1만원이 된다.

베트남 20만동은 한국돈 약1만원

16
베트남 12지신과
우리의 12지신은 다르다!

토기와 양 자리에 고양이와 염소가, 소대신 물소가 있다.

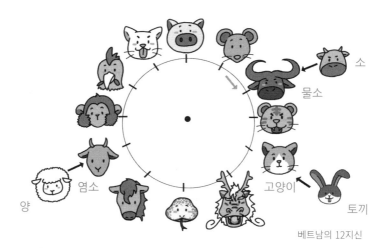

베트남의 12지신

| 한 국 | 쥐 | 소 | 호랑이 | 토끼 | 용 | 뱀 | 말 | 양 | 원숭이 | 닭 | 개 | 돼지 |
| 베트남 | 쥐 | 물소 | 호랑이 | 고양이 | 용 | 뱀 | 말 | 염소 | 원숭이 | 닭 | 개 | 돼지 |

베트남은 산악지대가 많고 평야 지대도 늪, 하천 등 물이 많다. 그래서 베트남 사람들은 이런 환경에 보다 잘 적응하는 동물로 대체하였는데. 소 대신 물소, 토끼 대신 고양이, 양 대신 염소로 바꾼 것이 아닐까 생각된다.

12지신(十二支神) 이야기

옛날에 부처님이 짐승들에게 새해 인사를 하는 순서대로 복을 내려 준다 했다. 소는 자기 걸음이 느린 것을 알고서 맨 처음에 도착하기 위해 꼭두새벽에 일어나서 길을 떠났다. 걸음이 느려도 부지런히 뚜벅뚜벅 걸어가 가장 먼저 부처님을 뵙게 되었다. 소가 인사를 하려는 순간 소 등에 걸 터 앉아 편안하게 따라온 쥐가 뛰어내려 부처님께 인사를 먼저 하였다. 꾀 많은 쥐가 잔꾀를 부린 탓으로 소는 하는 수 없이 두 번째로 인사를 하게 되었다. 그 다음으로는 우리가 알고 있는 순서대로 호랑이, 토끼 순서가 되었다.

한편 쥐는 인사 오기 전에 고양이에게 부처님께 새해 인사하는 날을 하루 늦은 날짜로 알려 주어, 인사를 오지 못하게 잔꾀를 부렸다. 나중에 이 사실을 알게 된 고양이는 이를 복수하기 위해 그때부터 이를 갈면서 쥐를 잡아 먹기 시작했다고 한다.

현재 사용하는 12지신(十二支神)은 인도의 신들로 중국을 거쳐 우리나라에 들어온 것이다.

17
베트남 설 Tết 뗏

| 베트남의 최대 명절은 Tết 뗏이다.

Tết뗏은 음력 1월 1일로 새해를 시작하는 첫 날이다.

Tết뗏은 새로운 생명력을 의미하므로 뗏 기간 중에 사용되는 것은 피의 색과 같은 붉은 색을 선호한다. 복숭아꽃, 세뱃돈 봉투, 폭죽 등도 모두 붉은 색이다.

우리의 설 명절과 같으며, 음력 1월 1일 전일부터 3일까지 4일간 법정 공휴일이다. 하지만 베트남 정부는 토요일 대체 근무를 통해 통상 10일 전후로 공휴일로 지정한다. 뗏 명절에는 타지에 나가 있는 사람들은 대부분 고향으로 간다. 이때는 기차표, 항공권 등을 구하는 것이 무척 어려우며 항공료는 연중 가장 비싼 시기이다.

베트남의 대표적인 음식 Bánh chưng바잉 쯩

베트남에서 Tết뗏 명절에 먹는 가장 대표적인 음식은 Bánh chưng바잉 쯩이다.
쌀, 콩, 돼지 고기, 파 등으로 만들고 푸른색 잎으로 싸고 줄로 묶고 오랜 시간 쪄
서 먹는 음식이다.

<u>베트남에서는 뗏 명절에 매화나무, 감귤나무 등 나무를 집안에 두는 풍습이 있다.</u>
붉은 매화나무를 집안에 두면 복을 가져다 준다고 믿는다. 감귤나무는 노랗게 달
린 감귤이 황금색을 띠고 있어 마치 금덩어리와 같아, 집 안에 재물이 많이 들어오
는 행운을 가져다 준다고 한다. 그래서 뗏 명절이 다가오면 길거리 여기 저기서 이
런 나무를 파는 행상들을 많이 볼 수 있다.

Q
베트남에서도 세벳돈을 주나?

베트남도 우리처럼 세벳돈을 주고 받는데, 세벳돈은 Tiền lì xì
띠엔 리 시라 하며, 빨간 봉투에 넣어 주면서 덕담도 한다.

베트남 세벳돈 봉투

18
베트남 추석 Trung thu 쭝투의 의미

┃베트남의 추석은 Trung thu쭝투 이다.

Trung thu쭝투는 'trung 中 가운데 중, thu 秋 가을 추'로 '가을의 중간', 즉 음력 8월 15일을 의미한다.

음력 1~3월은 봄, 4~6월은 여름, 7~9월은 가을인데 8월15일은 가을의 중간이다. 우리는 음력 8월 15일 추석을 중추절(仲秋節) 또는 팔월 한가위라고 한다.

우리는 추석에 송편이 대표적인 음식인데 베트남은 중국의 월병과 비슷한 것을 먹으며, 이를 bánh trung thu바잉 쭝 투라고 한다. 모양은 크게 꽃 모양,

bánh trung thu바잉 쭝 투

잉어 모양 등이 있다. 베트남 사람들은 잉어가 용이 되었다는 전설을 믿고 있어 아이들에게 잉어 모양을 많이 먹이는데, 이는 공부 열심히 해서 큰 사람이 되기를 바라는 마음이 숨겨져 있다.

┃Trung thu 쭝 투 명절은 베트남 어린이 날을 겸한다.

어린이들은 이 날을 많이 기다린다. 왜냐하면 장난감 등 선물을 많이 받기 때문이다. 아이들은 길거리로 나와서 북을 치고 사자춤 múa sư tử 무어 서 뜨 놀이 등을 하면서 즐긴다. 이들 무리가 지나가면 행운이 깃든다 하여 어른들은 집이나 가게 앞에 나와서 복채(돈)나 과자를 주기도 한다.

19
여성을 중시하는 모계사회 베트남

여성의 날이 일 년에 두 번 있는 곳이 베트남이다.

여성의 날이면 길거리에는 꽃을 팔고 사는 사람들을 쉽게 볼 수 있다.
남자들은 연인, 부인, 어머니 등 여성들에게 꽃 다발과 선물을 한다.

베트남은 모계사회이며 여러 차례 전쟁을 치르면서 여성이 큰 역할을 했다.
여성들은 가족뿐만 아니라, 지역 사회와 국가를 위한 활동에도 적극적으로 참여하였으므로 베트남 정부는 여성에 대한 고마움과 존중하는 마음으로 일 년에 두 번 여성의 날 행사를 거행하고 있다.

- **3월 8일** 국제여성의 날
- **10월 20일** 베트남 여성의 날

직장에서도 꽃 다발, 선물, 다과를 준비해 여성들을 위한 행사를 가지며, 여행을 보내 주는 곳도 있다. 베트남 남편들은 부인의 생일, 여성의 날은 반드시 기억해야 한다는 말이 있을 정도로 베트남 여성에게는 중요한 의미를 갖는 날이다.

▎**선**물은 외국산 제품을 선택하는 것이 좋다.

베트남 사람들은 정감을 아주 중시한다. 작은 선물이라도 받으면 자신이 존중과 관심을 받고 있다고 느낀다.
선물로는 외국산 제품을 선호하는 편이지만, 값비싼 것이 아니어도 오래도록 유용하게 사용할 수 있는 물품을 선물하면 좋다. 매번 사용할 때마다 선물한 사람이 기억될 수 있기 때문이다.

20
작은 것부터 먼저 말한다.

| 베트남어는 작은 것부터 큰 것의 순서로 나열된다.

69 Lê ABC, ẤP 5, Xã DEF Huyên GHI, Thành phố Hồ Chí Minh

- **Lê**   길(인도, 골목길 의미)
- **ẤP**   작은 마을(대한민국의 리)
- **Xã**   마을(대한민국의 동 / 리 정도)
- **Huyên**   현(대한민국의 읍)
- **Thành phố**   시(우리 시 / 특별시)

베트남어 기본 문장 구조

베트남어는 '주인공이 어쩐다' 말한 후 '하고 싶은 말'을 붙인다.

- 나는 간다.   **Tôi đi.** 또이 디
- 나는 <u>하노이에</u> 간다.   **Tôi đi Hà Nội.** 또이 디 하노이
- 나는 <u>10시에</u> 하노이에 간다.   **Tôi đi Hà Nội lúc 10 giờ.** 또이 디 하노이 룩 므어이 저
- 나는 <u>오전</u> 10시에 하노이에 간다. **Tôi đi Hà Nội lúc 10 giờ sáng.** 또이 디 하노이 룩 므어이 저 상

시간의 경우도 대한민국과 반대로 작은 시간을 먼저, 큰 시간은 뒤에 말한다.
오전 10시는 오전 시간 중의 일부이므로 10시를 먼저 말하고 오전은 뒤에 말한다.

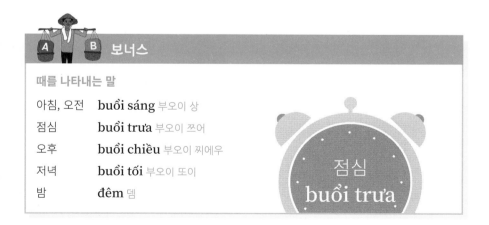

A B 보너스

때를 나타내는 말

아침, 오전	**buổi sáng** 부오이 상	
점심	**buổi trưa** 부오이 쯔어	
오후	**buổi chiều** 부오이 찌에우	
저녁	**buổi tối** 부오이 또이	
밤	**đêm** 뎀	

점심
buổi trưa

21
중심어를 먼저 말한다.

원을 그릴 때 중심인 원점을 잡고 크기의 원을 그리 듯이,
베트남어도 중심어 먼저 말한다.

원을 그릴 때 먼저 원의 중심(원점)을 잡고, 이를 기준으로 원하는 크기의 원을 그린다. 중심이란 원에서는 원점, 시내에서는 번화가를 말한다. 원의 중심이나 시내 중심은 전체 중에서는 작은 부분이다.

색의 종류를 묻는 경우 '무슨 색이냐?' 고 물으면 빨강색, 노랑색, 파랑색 등으로 대답한다. 이런 경우에 <u>중심어는 색</u>이므로 베트남어는 색 màu마우을 먼저 말하고 색의 종류를 뒤에 붙여서 표현한다.

• **빨강색**   색 màu 마우 + 빨간 đỏ 도

어느 나라 사람이라고 표현할 때도 마찬가지이다.

어느 나라 사람이냐?고 물으면 한국 사람, 베트남 사람, 중국 사람 등으로 대답한다. 이 경우도 <u>중심어는 사람</u>이므로 사람 người응으어이을 먼저 말하고 나라 이름은 뒤에 붙이면 된다.

• **한국 사람**은

사람 + 한국

người + Hàn Quốc
응으어이   한 꾸억

보너스

나라 이름

한국(韓國)	Hàn Quốc 한 꾸억	프랑스	Pháp 팝
중국(中國)	Trung Quốc 중 꾸억	독일	Đức 득
베트남(越南)	Việt Nam 비엣 남	이탈리아	Ý 이
일본(日本)	Nhật Bản 녓 반	호주	Úc 욱
미국(美)	Mỹ 미	러시아	Nga 응아
영국(英)	Anh 아잉		

22
년도 표기 우리와 다르다.

| 일 〈 월 〈 년 순서로 말하면 된다.

년도 표기는 작은 것부터 큰 것 순서로 말하고 쓴다. 베트남어는 작은 것, 중심어를 먼저 말한다.

1919년 3월 1일을 베트남 식으로는
ngày 1 tháng 3 năm 1919 가 된다.

년월일 경우, 일은 월 안에 있고, 월은 년 안에 있으므로 작은 순으로 표기하면 일 〈 월 〈 년 순이 된다. 그럼 숫자와 년월일의 우선순위는 어떻게 될까?

달력

베트남어 일 ngày응아이, 월 tháng 탕, 년 năm남은 중심어이므로 숫자 보다 먼저 말한다.

일은 1일, 2일, 3일…15일…31일이 있는데 중심어는 일 ngày응아이 이다.
월은 1월, 2월, 3월…12월이 있는데 중심어는 월 tháng탕 이다.
년은 …2022년, 2023년, 2024년에서 중심어는 년 năm남 이다.

Q
1919년은 어떻게 읽을까?

중심어인 년 năm남을 먼저 읽은 후 숫자는 두 가지 방법으로 읽을 수 있다.

방법 1 숫자 전체를 하나의 숫자처럼 읽는다.

• 년 1919(일천구백십구)

➡ 일천 một nghìn 못 응인, 구백 chin tram 찐 짬, 십구 mười chin 므어이 찐
năm một nghìn chin trăm mười chin 남 못 응인 찐 짬 므어이 찐

방법 2 숫자를 각각 독립적인 숫자로 읽는다.

• 년 1919(일구일구) ➡ năm một chin một chin 남 못 찐 못 찐

보너스

각국의 **1919. 3. 1** 표기 비교

한국(년/월/일)	1919년 3월 1일
미국(월/일/년)	Mar 1st, 1919
유럽(일/월/년)	1 Mar 1919
베트남(일/월/년)	ngày 1 tháng 3 năm 1919(순서는 유럽과 동일)

23
기간은 숫자를 먼저 말한다.

| năm 2 VS 2 năm

기간을 말할 때는 숫자가 중요하다.

베트남에 온지 얼마나 되었냐?고 묻는 경우에는 년월일 자체 보다는 몇 년, 몇 개월, 몇 일 되었는지 기간을 나타내는 숫자 1, 2, 3…이 더 중요하다.

베트남에 온지 2년 된 경우는 숫자 2를 먼저 말하므로 2 năm하이 남이라고 한다. 이는 베트남에 온 기간이 2년 되었다는 의미이다. 3개월 된 경우는 3 tháng바 탕인데 이는 기간이 '3개월'이라는 의미이다.

1 ngày못 응아이은 기간이 1일(하루)라는 의미이고, ngày 1응아이 못은 어떤 달의 날짜가 1일을 의미한다.

Part 4

사업하는 사람들이
꼭 기억해야 할 이야기

한국은 베트남에서 많이 투자한 나라 중 상위 국가에 속한다. 나는 베트남에서 6년 정도 재임하던 중, P그룹사 법인장으로 있던 저자를 만났다. 저자는 정이 많고 사교성이 좋으며 베트남에서 오랜 기간 근무하면서 베트남을 그 누구보다도 잘 알고 있기에 그의 경험에서 쓰여진 이 책을 베트남에 관심 있는 분들에게 강추한다.

前 대한상공회의소 베트남사무소장 **김호균**

1
자라는 목을 언제 감출지 모른다.

▌사업 추진 계획을 철저히 수립하고 점검해야 한다.

잘 모르는 사람을 처음 만난다는 것은 쉬운 일이 아니다. 특히 새로운 사업을 하거나 잘 모르는 사람에게 부탁할 일이 있는 경우에 우리는 혈연, 지연, 학연 등 인맥을 다 동원하여 사람을 소개받으려고 하고, 사돈 팔촌까지 동원한다는 우스개소리도 있다.

베트남에서 신규 사업투자를 위해 관공서 등 관계자들을 만나려고 하는 경우에, 처음에 사람 만나는 것은 우리나라 보다는 쉽다.
만나서 투자 안에 대해 이야기 하면 대부분이 좋은 아이디어라고 칭찬일색으로 응대해주며 적극적으로 지원해 주겠다는 말을 듣게된다.

그런데 막상 투자하기로 결정하고 일을 추진하면 투자 허가서 발급 등 여러 가지 문제로 투자일정은 당초 계획 보다 많이 늦추어 지는 경우가 생긴다.

관계자들을 만나러 가면 '상급자에게 가보라, 중앙부터로 가보라'는 등 이런 저런 이야기만 듣고 일은 해결되지도 않고 제자리만 맴돈다.

베트남의 경우는 처음에는 사람 만나는 것이 쉽고 일도 술술 잘 풀리는 것 같은데, 시간이 지날수록 일이 꼬이고 진척이 되지 않는 경우가 종종 생긴다.

이런 상황을 자라에 비유하는 사람도 있다.
평상시에는 자라처럼 목을 내밀고 자기에게 관심 보이기를 기다리고 있다가 상황 변화가 생기면 어느 순간에 자라처럼 목을 집어 넣고 미동도 하지 않는 모습을 보이는 것을 두고서 하는 말이다.

Q
베트남 투자계획 수립 Tip은?

베트남에서 신규 사업을 추진하는 경우에 주위에서 하는 말만 너무 솔깃하게 믿고 투자해서는 안된다.

투자 실행 전에 1안(정상적), 2안(아주 낙관적), 3안(비관적) 등 사업 계획을 확실히 수립하여 상황에 맞게 대처하면서 실행에 옮겨야 사업을 성공적으로 추진할 수 있다.

2
산골짜기 입구가 넓어도 계곡은 깊다.

예상하지 못한 막다른 상황에 부딪쳐도 위기를
넘길 수 있어야 한다.

베트남 전쟁에서 베트콩이 미군과 싸워서 이긴 큰 요인은 지형 지물을 이용한 게
릴라전에 능숙했던 것을 들 수 있다.
베트콩은 미군의 접근이 쉬운 산골짜기 입구에서 전진 후퇴를 거듭하다가 전투에
서 밀리는 듯 후퇴하면서 미군을 깊은 계곡으로 유인한다.
그리고 나서 후방지역에 매복한 베트콩들이 퇴로를 막으면 미군은 좁은 골짜기에
서 포위를 당하게 된다. 이런 상황에서 베트콩은 사방에서 집중 공격을 하거나 지
구전을 통해 미군에 큰 타격을 입히고 군수물자도 탈취하였다.

베트콩이 지형 지물을 이용한 대표적인 것 중의 하나가 사이공(호치민 옛 이름) 근교
에 있는 구찌 터널(땅굴)을 들 수 있다.

꾸찌 터널과 베트남 전 당시 미군 노획품

터널은 사이공에서 캄보디아 쪽으로 약 30km 떨어진 곳에 있는데, 그 길이가 총 연장 200km가 넘는다. 그곳에 가보면 월남 정부 수도였던 사이공(현 호치민)에서 가까운 곳에 이런 지하 요새가 있었다는 것에 놀라지 않을 수 없다.

베트남에서 신규 사업을 추진하는 경우에도 투자 전에 좋은 상황만 믿고 쉽게 결정을 하는 경우가 많다. 그렇지만, 시간이 흐르면서 당초 계획 보다 일정이 지연되거나 투자비가 초과하는 경우도 발생한다. 이런 상황에서 발을 빼자니 이미 들어간 투자비 손실이 너무 크고 계속 투자를 하기엔 위험 요소가 부담되어, 진퇴양난에 빠지는 경우가 발생할 수 있다.

Q
베트남에서 사업 할 때 꼭 확인해야 할 것은?

신규 투자 전에 유관 기관 정보를 충분히 활용해야 한다.
투자를 결정하기 전에 주 베트남 한국 대사관, KOTRA, 대한상공회의소 등 현지에 나와 있는 정부. 유관기관의 정보 및 자체 분석 자료 등을 충분히 검토한 후 신중하게 결정해야 사업을 성공적으로 추진할 수 있다.

3
되는 것도 없고 안 되는 것도 없다.

세상에 공짜는 없다.

베트남 공무원들은 '나라를 위해 일을 한다. 그러나 개인적으로 떡고물이 생기지 않는 일은 절대 서둘러 처리하지 않는다'는 말이 있다.

베트남에서 사업 정보를 어떻게 판단할지 팁을 하나 말한다면,
한국에서 부동산 정보를 찾을 때, 인터넷에 이미 공개된 매물 정보로는 돈 벌기가 쉽지 않다. 부동산 매물은 팔기 위해 정보를 공개하는 것이지 투자자에게 돈을 벌게 해주기 위해 공개하는 것은 아니다.

돈 되는 매물은 정보가 공개되기 전에 이미 큰 손들이 선취매 할 가능성이 높다. 이들은 자신에게 좋은 투자 정보를 주면 그에 대한 대가도 지불할 줄 안다. 그래야 다음에 또 돈이 되는 정보를 먼저 받을 수 있기 때문이다. 이처럼 고급 정보를 얻기 위해서는 비용도 지불할 줄 알아야 한다.

베트남에서 근무하는 동안 직원 중에 한 명이 아이를 출산했다.
베트남도 의료보험이 되어 있어 병원에 실제 지불하는 금액은 많지 않으나 의사,
간호사에게 별도의 사례비를 주는 것이 관례다. 간호사에게도 사례를 해야 제 시
간에 주사도 놓아 주고 환자에게 신경을 써 주는 편이다.

베트남에서 외국인들 사이에 우스개 소
리로 하는 말이 있는데, '베트남은 되는
것도 없고 안 되는 것도 없다' 이 말은
'잘 될 것 같은 일도 잘 안되고, 잘 안
될 것 같은 일이 잘 되기도 한다'는 의
미이다.
베트남에서 생활하면서 늘 새겨둘 필요
가 있다.

Q
베트남에서 사업할 때 잊지 말아야 할 것은?

베트남에서 신규사업을 추진하면서 특정인 한 사람에게 부탁했다고 믿고 기다
려서는 안된다. 사업을 추진하는 과정에서 일이 꼬일 때를 대비해서 투자와 관
계 있는 사람은 모두 만나서 인사하고 각자에게 사례를 해 두어야 사업이 보다
순조롭게 진행될 수 있다.

4
싼 게 비지떡이다.

우리 속담에 '싼 것이 비지떡이다'라는 말이 있다.

> '싼 맛에 이사를 왔더니만 싼 게 비지떡이지, 아유 이 파리 좀 봐, 밤엔 모기가 잉잉대고'
>
> - 어느 소설에서 -

베트남에는 각 지역 지자체에서 외국인 투자 유치를 위해 중소 규모의 공단부지가 군데군데 조성되어 있다. 그럼에도 불구하고 투자비를 아끼겠다고 주위 사람들 말만 믿고 공단에서 좀 떨어진 외진 곳에 투자하여 실패를 보는 사례가 종종 있다.

투자 시점에는 언제까지 도로가 확장 포장되고 전기 및 수돗물도 공급될 것이라고 하였는데, 계획대로 진행이 되지 않는 경우가 많다. 설령 진행이 되더라도 도로 확장에 따른 토지 수용 비용, 도로 포장비, 전신주 설치비, 수도배관 설치비 중 일부를 투자 기업에 부담을 지우는 경우가 있다.

그리고 땅을 임차하는 경우에도 땅 문서를 받고 나서 말뚝을 박아도 늦지 않다. <u>개인으로부터 토지를 임대받아 공장 등을 짓는 경우에는 땅문서를 먼저 받고 투자를 진행해야 한다.</u>

간혹 계약서 상 날짜까지 땅문서를 주지 않고 이런 저런 핑계를 되면서 일정을 미루거나 추가 비용을 요구하는 등 사업추진에 차질이 생겨서 사업을 포기하는 경우도 종종 생긴다.

땅문서는 빨간색 겉표지에 '대지 사용권 증명서 GIẤY CHỨNG NHẬN / QUYỀN SỬ DỤNG ĐẤT저 이 쯩 년 / 꾸옌 스 중 닷이라고 적혀 있다.

주택용 토지 사용권
(토지용과 색깔이 다름)

Q
개인토지 임차 VS **조성된 공단** 어떤 것이 좋은가?

<u>개인 토지 임차는 정말 주의해야 한다.</u> 기 조성된 공단에 비해 토지 임차료 부담을 줄이려고 개인으로부터 토지를 임차하여 투자를 하는 경우가 있는데, 오히려 사업 추진이 지연되거나 추가 비용까지 부담하게 됨으로써 더 비싼 값을 치르는 경우도 생길 수 있음을 유의해야 한다.

5
김치국부터 마시지 마라.

 김치국부터 마시지 마라.

Q
베트남 주재원 근무는 어떻게 해야 하지?

<u>투자 진행상황은 현지에서 일어나는 실상을 있는 그대로 보고해야 한다.</u>
중간에 무슨 문제가 생기더라도 본사에서 의사결정권자들이 사전에 충분히 대비를 할 수 있도록 해야 화를 최소화 할 수 있다.

베트남에서 신규 투자를 위해 사업 관련 관계자들을 만나면 대부분 긍정적인 이야기를 들려준다. 사업 추진을 위해 베트남에 주재하는 햇병아리 책임자는 이 말만 믿고 본사에 너무 앞서가는 보고를 하는 경우가 종종 있다.

일시 : 00년 00월 00일

제목 : 베트남 투자 관련 진행상황 보고

내용 : 투자 관련 베트남 측 최고 결정권자 '김 치국' 면담

우리 투자안에 대해 전폭적으로 지원하겠다고 함.

기한 내 투자 완료 및 정상가동에 차질 없도록 추진 하겠습니다. - 끝 –

얼마 후 투자 관련 부서 실무 책임자 면담 내용을 본사에 또 보고한다.

내용 : 투자 관련 베트남 측 실무 책임자 '잘 진행' 면담

베트남 측 상부에서도 큰 관심 보이고 있으며 적극 지원하겠다 함.

당초 계획대비 조기에 공장 가동이 가능할 것으로 판단됩니다. - 끝 –

사업이 성공적으로 잘 추진 될 것이라는 현지 보고에 본사에서 사장님 이하 임원분들도 여러 차례 다녀가고 베트남 사업에 대한 분위기는 점점 고조되어 갔다. 그런데 시간이 지나면서 사업은 이런 저런 사유로 제자리 걸음을 맴돌고 더 이상 진행되지 않는 상황이 지속되었다. 본사에서는 매일 상황 체크를 하고 지연 사유를 보고하라고 독촉을 하니까, 현지에서는 사실과 다르게 본사에 거짓 보고까지 하게 되고, 결국 본사에서는 책임자를 교체하는 일까지 벌어지게 되었다.

옛말에 '돌다리도 두들겨 보고 건너라'고 했다. 이는 잘 아는 일이라도 세심하게 주의를 하라는 말인데, 신규 투자 사업은 일을 추진하는 과정 중간 중간에 어떤 변수가 일어날지 알 수 없다.

특히 베트남에서 투자 사업은 당초 계획한 대로 진행될 것이라고 너무 안일하게 일정을 잡으면 중간에 낭패를 보기 십상이다. 그래서 추진할 내용은 매사 신중하게 체크 한 후 보고해야 하며, 절대 너무 앞서 나가지 않도록 해야한다.

6
선물도 지나치면 화가 될 수 있다.

선물은 최소한의 성의만, 처음부터 과하게 하지 않는 것이 좋다.

친절히 안내해 주는 호텔 직원

다음은 한 투자기업이 겪은 일화를 소개하겠다.

신규투자 초기에는 베트남 관계기관에서도 많은 관심을 보여주면서 좋은 관계를 유지하였다. 어느 날 지방관청에서 주최하는 행사에 초대받고 한국에서 보내 온 많은 선물도 협찬하였다.

그런데 투자를 결정한 후, 투자허가서 발급부터 일이 순조롭게 진행되지 않았고, 당초 투자 결정한 공장부지는 암반층이 아니어서 무거운 기계 장치를 설치하기에 부적합했다. 그래서 다른 부지를 선정하는 데 많은 시간이 허비 되는 등 공장 건설은 당초 일정 보다 몇 년이나 지연되었다. 하지만, 기계 장치는 당초 계약일정에 맞추어 수입되어 이미 항만에 들어와 있어 보관료만 계속 지불하게 되었다.

투자가 몇 년 째 제자리 걸음을 하고 있는 상황에서 투자 환경도 당초 계획 보다 많이 바뀌었고, 본사에서는 신규사업에 대한 관심도 점점 멀어졌다. 그러던 와중에도 관계기관에서는 행사가 있을 때 마다 예전처럼 초대장을 보내 왔지만 더 이상 관심을 보이기 어렵게 되면서 관계도 점점 소원해졌다.

Q
베트남에서 사업을 할 때 어떻게 처신해야 할까?

베트남에서 사업을 하다 보면 여러 기관에서 행사에 초대받거나 협찬을 요청 받는 경우가 있다. 이런 경우 꼭 관심을 보여야 하는 곳은 최소한의 성의만 표시하면 된다. 처음부터 너무 과도한 관심은 차후에 오히려 부담으로 돌아 올 수도 있다는 것을 잊지 말아야 한다.

7
법규 위반에 노출된 투자는 하지 마라.

환경 문제를 야기할 수 있는 요인이 없는지
충분히 검토해야 한다.

베트남에서 운영했던 회사는 1992년
한국-베트남 수교 기념 사업으로 1994
년 1월에 설립되었다. 1995년 9월 회
사가 가동된 후, 건물 신축 및 교량 건
설 등 SOC 사업 증가로 철강 수요가
늘어나면서 주변에 다른 철강회사들
도 여러 곳 신규 투자를 하였다.
공장 가동 연료는 주로 벙커 C유를 많
이 사용하였는데 매연이 발생하면서
공장 주변에서 민원이 자주 제기 되
었다.

호치찌민 강

근무한 회사는 환경 문제가 발생하지 않도록 사전에 설비투자를 해서 별다른 문제가 발생하지 않았다.

매연이 심해져서 주민들이 민원을 제기하면 환경 단속원들이 외국인 투자 기업에 먼저 와서 기준치 초과 여부를 체크하였다. 그 틈을 타 주변의 베트남 현지인이 운영하는 공장들은 매연 발생을 막으려고 가동을 일시 중단하여 단속을 피하는 경우도 있었다. 설령 단속에 걸리더라도 솜방망이 처분을 내리는 경우가 반복 되었다.

베트남 경제가 빠른 속도로 활성화되면서 베트남 내에서 골프치는 사람이 매년 증가하면서 한국의 한 건설사가 리조트를 낀 골프장을 건설하여 운영하였다.

골프장 주변에 상수원 보호 지역이 있어 농약 등 유해물질을 사용할 수 없어, 골프장 잔디 관리를 위한 비용 부담도 높을 뿐 아니라 수질 오염 문제가 발생하면 주민들은 먼저 상수원 가까이 있는 골프장에 민원을 제기할 개연성이 높으므로 평소에도 여러 가지 신경 쓰이는 게 많다는 고충을 털어 놓았다.

Q
베트남에서 신규 투자 업종을 선정시, 유의할 점은?

향후 베트남 경제가 점점 발전하면서 매연, 폐수 등 환경 문제에 관한 규제는 보다 강화될 것이다. 그러므로 베트남에 신규 투자를 하는 경우에는 환경 문제 등 법적으로 문제를 야기할 수 있는 요인이 없는지 사전에 충분한 검토가 필요하다.

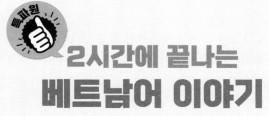

2시간에 끝나는
베트남어 이야기
Câu chuyện tiếng Việt

1판 1쇄 2024년 7월 1일   발행인 김인숙   발행처 디지스
Editorial Director 김태연   Cover Design 김미선   Printing 삼덕정판사

139-240
서울시 노원구 공릉동 653-5

대표전화 02-963-2456
팩시밀리 02-967-1555
출판등록 제 6-694호
ISBN 978-89-91064-58-4